JIM DAVIS

Garfield

Bête de scène

DARGAUD

PARIS • BARCELONE • BRUXELLES • LAUSANNE • LONDRES • MONTREAL • NEW YORK • STUTTGART

Traduction : Fanny Soubiran
Lettrage : Christophe Semal

www.dargaud.com

PREMIÈRE ÉDITION
Imprimé sur un papier issu de forêts gérées durablement.

"Loi n° 49-956 du 16 juillet 1949 sur les publications destinées à la jeunesse."
Dépôt légal : mai 2011 • ISBN 978-2-205-06660-9
Imprimé en France par jean-Lamour – Groupe Qualibris

L'OISEAU CHANTEUR N'EST PAS VENU À LA MANGEOIRE CE MATIN.
♪
♪
© 2007 PAWS, INC. All Rights Reserved.
www.garfield.com
Distributed by Universal Press Syndicate

ON NE M'APPELLE JAMAIS SUR MON PORTABLE.
PEUT-ÊTRE PARCE QUE C'EST UN RASOIR ÉLECTRIQUE.
Distributed by Universal Press Syndicate
© 2007 PAWS, INC. All Rights Reserved.

UN CHAT OBÉIT À SON INSTINCT.
ET MON INSTINCT SE FERAIT BIEN DEUX, TROIS CUISSES DE POULET SAUCE PIQUANTE.
© 2007 PAWS, INC. All Rights Reserved.
Distributed by Universal Press Syndicate

TOUT EST À MOI, RIEN QU'À MOI !
JE RECTIFIE.
SI ON AVAIT LE MOINDRE TRUC, CE SERAIT À MOI, RIEN QU'À MOI !
Distributed by Universal Press Syndicate
© 2007 PAWS, INC. All Rights Reserved.

GARFIELD®
www.garfield.com
© 2007 PAWS, INC. All Rights Reserved.
YAAAAAAAAAAAAAAAAAAAAAA
AAAAAAAAAAAAAAA
AAAAAAAAAAAAAA
JIM DAVIS 2-4
Distributed by Universal Press Syndicate
JE CROIS QUE JE VAIS FAIRE UN BONHOMME DE NEIGE.
AAHHHHHHHHH

MESDAMES ET MES GUEUX, BONSOIR !
WHISH!
JE SAIS QUE VOUS ÊTES LÀ, JE VOUS ENTENDS RESPIRER !
ZIP!
UNE REQUÊTE ?
GRANDIS, NABOT !
JE VAIS MAINTENANT TÂCHER DE LIRE DANS LES PENSÉES D'UN MEMBRE DU PUBLIC.
KONG!
PAS D'INDICES, MERCI.
ZIP
ZIP
ZIP
ZIP
KONK
ZIP
DU KETCHUP ??
ON ÉTAIT À COURT DE TOMATES.
BONK!
BIDIII BIDIII BIDIII
T NAZE

PLACE AUX MIMES !
UNE REQUÊTE ?
2-9 JIM DAVIS
Distributed by Universal Press Syndicate
JE DÉTESTE QUAND LE PUBLIC PARTICIPE.
UN CHAT QUI TOMBE D'UN ARBRE !
OUAIS ET QUI S'ÉTALE PAR TERRE COMME UNE CRÊPE !
www.garfield.com
© 2007 PAWS, INC. All Rights Reserved.

VOUS AVEZ ÉTÉ UN PUBLIC MERVEILLEUX CE SOIR !
IL N'Y A QUE MOI DANS LA SALLE.
AH
2-10 JIM DAVIS
Distributed by Universal Press Syndicate
MAIS TU AS ÉTÉ GÉNIAL !
JE SUIS LE GARDIEN, PATATE !
www.garfield.com
© 2007 PAWS, INC. All Rights Reserved.

© 2007 PAWS, INC. All Rights Reserved.
YOÂÂ
JIM DAVIS 2-13
YOÂÂ
JE CRÉE LA TENDANCE !
Distributed by Universal Press Syndicate

© 2007 PAWS, INC. All Rights Reserved.
JIM DAVIS 2-14
(AHEM)... "RONRON"
TRÈS MIGNON !
CE N'EST PAS DE MOI... JE NE FAIS QUE LIRE.
Distributed by Universal Press Syndicate

GARFIELD®
FLOWERS
Distributed by Universal Press Syndicate
JPM DAVIS 2-11
© 2007 PAWS, INC. All Rights Reserved.

UN FLOCON ?
C'EST UN BLIZZARD !
JE SUIS FLATTÉ.
JIM DAVIS 2-15
© 2007 PAWS, INC. All Rights Reserved.
Distributed by Universal Press Syndicate

IL N'Y A PAS DEUX FLOCONS DE NEIGE IDENTIQUES.
JIM DAVIS 2-16
WAOUH...
JON S'EST OCCUPÉ CET HIVER.
© 2007 PAWS, INC. All Rights Reserved.
Distributed by Universal Press Syndicate

MERCI POUR LE CAFÉ, CHER MUG.
PAS DE SOUCI... APPELLE-MOI JOE.
JIM DAVIS 2-17
TU SAIS, JOE, DANS LA CATÉGORIE DES CAUCHEMARS, Ç'AURAIT PU ÊTRE BIEN PIRE.
COMMENT ÇA ?
Ç'AURAIT PU ÊTRE DÉCAFÉINÉ.
TU ME FICHES LES JETONS, MEC.
© 2007 PAWS, INC. All Rights Reserved.
Distributed by Universal Press Syndicate

JE NE SUIS PAS DU MATIN.
TANT MIEUX POUR LE MATIN.
JIM DAVIS 2-19
www.garfield.com
© 2007 PAWS, INC. All Rights Reserved.
Distributed by Universal Press Syndicate

J'AI FAIM.
MAIS PAS AUTANT QUE JON.
C'ÉTAIT À MOI !
© 2007 PAWS, INC. All Rights Reserved.
www.garfield.com
Distributed by Universal Press Syndicate
JIM DAVIS 2-23

"CHER GARFIELD, COMMENT PEUX-TU TENIR SUR CETTE BARRIÈRE SANS TOMBER ?"
C'EST SIMPLE.
LES APPARENCES SONT PARFOIS TROMPEUSES.
© 2007 PAWS, INC. All Rights Reserved.
www.garfield.com
Distributed by Universal Press Syndicate
JIM DAVIS 2-20

TIENS...
OÙ EST MA PELOTE DE LAINE ?
TU PARLES DE PAPA ?
© 2007 PAWS, INC. All Rights Reserved.
JIM DAVIS 2-1

BAT
C'EST BIEN, PETIT !
© 2007 PAWS, INC. All Rights Reserved.
www.garfield.com
Distributed by Universal Press Syndicate
JIM DAVIS 2-22

Garfield®
Distributed by Universal Press Syndicate
GARFIELD
© 2007 PAWS, INC. All Rights Reserved.
TU ES GÂTÉ POURRI, TU SAIS.
C'EST FAUX, ET OÙ EST LE BONBON À LA MENTHE ?
JIM DAVIS 2-25

Z
JIM DAVIS 3-8
www.garfield.com
© 2007 PAWS, INC. All Rights Reserved.
Z
Z
Distributed by Universal Press Syndicate
HÉ !
ENCORE CINQ MINUTES...

MIAOU.
© 2007 PAWS, INC. All Rights Reserved.
www.garfield.com
MIAOU MIARAOUUU MIAAAOU
Distributed by Universal Press Syndicate
JIM DAVIS 2-24
TU TE RENDS COMPTE QUE JE N'AI JAMAIS EU DE FORMATION ?

CLICK CLICK CLICK CLICK
INTELLO, INTELLO, INTELLO, INTELLO
Distributed by Universal Press Syndicate
© 2007 PAWS, INC. All Rights Reserved.
CLICK CLICK CLICK CLICK
INTELLO, INTELLO, DÉBILE, INTELLO
OUPS ! RETOUR EN ARRIÈRE !
CLICK CLICK
JIM DAVIS 2-26

ET QUEL EST VOTRE TALENT À VOUS, MONSIEUR ?
JE JONGLE AVEC DES TRONÇONNEUSES SUR DE LA POLKA !
© 2007 PAWS, INC. All Rights Reserved.
JIM DAVIS 2-27
FASCINANT... POURQUOI DES TRONÇONNEUSES ?
C'EST LA SEULE CHOSE QUI PUISSE COUVRIR LA POLKA.
IL ME PLAÎT, LUI.
Distributed by Universal Press Syndicate

CE SOIR, UN REPORTAGE INTITULÉ "LES GRIZZLIS EN RUT EN ALASKA AVEC LARRY".
SUIVI DES "URGENCES DU YUKON".
AVEC LARRY.
"AVEC LARRY".
© 2007 PAWS, INC. All Rights Reserved.
Distributed by Universal Press Syndicate
JIM DAVIS 2-28

UNE SEULE PERSONNE DANS CETTE PIÈCE A PU ASSASSINER M. THOMPSON ET CETTE PERSONNE EST...
AH... UNE QUESTION. OUI, VOUS AVEC LA PIOCHE ?
EUH... JE PEUX SORTIR ?
ET DIRE QUE J'AURAIS PU REGARDER LES CHAUSSETTES DE JON DANS LE SÈCHE-LINGE.
© 2007 PAWS, INC. All Rights Reserved.
JIM DAVIS 3-1
Distributed by Universal Press Syndicate

IL NE S'EST ABSOLUMENT RIEN PASSÉ DANS LE MONDE AUJOURD'HUI.
TOUT LE MONDE REGARDAIT LA TÉLÉ.
PLUS D'INFOS À ONZE HEURES...
... SUR "IRONIE-TV" !
Distributed by Universal Press Syndicate
JIM DAVIS 3-2
© 2007 PAWS, INC. All Rights Reserved.

... ET LE CHAT A MANGÉ, MANGÉ, MANGÉ...
MANGÉ, ET MANGÉ...
JUSQU'À CE QU'IL NE RESTE PLUS UNE MIETTE.
JE DÉTESTE QUAND ÇA FINIT MAL.
© 2007 PAWS, INC. All Rights Reserved.
JIM DAVIS 3-3
Distributed by Universal Press Syndicate

BURP
GARFIELD®
© 2007 PAWS, INC. All Rights Reserved.
JIM DAVIS 3-4
www.garfield.com
PLOP
Distributed by Universal Press Syndicate
Friandises pour chats

C'EST LUNDI.
JIM DAVIS 3-5
© 2007 PAWS, INC. All Rights Reserved.
www.garfield.com
Distributed by Universal Press Syndicate

DES ALIENS VÉGÉTARIENS VENUS DE L'ESPACE !
TRÈS INTÉRESSANT.
CONDUIS-MOI AUX BROCOLIS.
AVEC PLAISIR !
JIM DAVIS 3-6
© 2007 PAWS, INC. All Rights Reserved.
www.garfield.com
Distributed by Universal Press Syndicate

POURQUOI LES CHATS NE RAPPORTENT JAMAIS LA BALLE ?
HURGH
SNIFF
BURP
C'EST UNE QUESTION DE DIGNITÉ.
SCRATCH SCRATCH
JIM DAVIS 3-9
© 2007 PAWS, INC. All Rights Reserved.
www.garfield.com
Distributed by Universal Press Syndicate

VA CHERCHER LA BRANCHE, ODIE.
PAS CETTE BRANCHE !
JIM DAVIS 3-10
© 2007 PAWS, INC. All Rights Reserved.
www.garfield.com
Distributed by Universal Press Syndicate

GAR
FIE
LD®
Z
Z
Z
Z
Z
GARFIELD ! ODIE FAIT DU SOMNAMBULISME !
Z
GARFIELD ?
Z
Z
JIM DAVIS 3-11

SALUT.
COMMENT ÇA VA ?
PAS MAL.
SMACK
ET TOI ?
J'AI CONNU MIEUX.
JIM DAVIS 3.12
Distributed by Universal Press Syndicate
© 2007 PAWS, INC. All Rights Reserved.

LES ARAIGNÉES SONT RÉPUGNANTES !
AH BON ?
SMACK
OUI
BEN, LÀ, OUI !
JIM DAVIS 3.13
© 2007 PAWS, INC. All Rights Reserved.
Distributed by Universal Press Syndicate

NE M'ÉCRASE PAS !
SMACK
MINCE. TU M'AS DIT QUOI DÉJÀ ?
QU'EST-CE QUE ÇA CHANGE AU POINT OÙ ON EN EST ?!
JIM DAVIS 3.14
© 2007 PAWS, INC. All Rights Reserved.
Distributed by Universal Press Syndicate

J'AIMERAIS ÊTRE MINCE.
WHAP!
JE DEVRAIS ÉCRIRE UN LIVRE SUR LES RÉGIMES !
J'AI DIT "MINCE", PAS "RAPLAPLA" !
JIM DAVIS 3.15
© 2007 PAWS, INC. All Rights Reserved.
Distributed by Universal Press Syndicate

J'AI FROID.
VOILÀ UNE BONNE TASSE DE CAFÉ POUR TE RÉCHAUFFER !
WHAM
LE PIRE, C'EST QU'IL N'A PAS TORT !

QU'EST-IL ARRIVÉ À ONCLE DAVE ?
IL S'EST FAIT RENVERSER PAR UN TRAIN.
UN TRAIN ?!
UN TRAIN... DES HORAIRES DE TRAIN. C'EST PAREIL.
SMACK!

TIENS, GARFIELD. C'EST UNE FRIANDISE POUR CHAT.
OH, MERCI.
IL N'Y AVAIT PLUS DE JAMBON AU SUPER-MARCHÉ ?

J'AI BESOIN DE RÉCONFORT.
SUFFIT DE DEMANDER !
ODIE !
SNAP
EUH, MERCI, GARFIELD.
C'EST ÇA, L'AMOUR.

GARFIELD®
Distributed by Universal Press Syndicate
www.garfield.com
FWAP!
JIM DAVIS 3-18
© 2007 PAWS, INC. All Rights Reserved.
DWONK!

JE VOUDRAIS ACHETER UN BOUQUET DE ROSES.
JIM DAVIS 3-21
www.garfield.com
© 2007 PAWS, INC. All Rights Reserved.
STOMP! STOMP! STOMP!
Distributed by Universal Press Syndicate
ET PAYER LES MARGUERITES DE LA VITRINE.
AH, ÇA FAIT UN BIEN FOU !

LE PETIT DÉJEUNER, LE DÉJEUNER ET LE DÎNER SONT TROIS REPAS **DISTINCTS**.
JIM DAVIS 3-22
www.garfield.com
© 2007 PAWS, INC. All Rights Reserved.
TU N'ES **PAS** CENSÉ LES PRENDRE EN MÊME TEMPS.
Distributed by Universal Press Syndicate
TU FAIS EXPRÈS D'INVENTER CES TRUCS-LÀ POUR ME DÉPRIMER ?

JE SUIS MAYNARD DE "CHAT INTÉRIM SERVICE".
JIM DAVIS 3-23
www.garfield.com
© 2007 PAWS, INC. All Rights Reserved.
JE REMPLACE GARFIELD PENDANT QU'IL PREND DU TEMPS POUR LUI.
Distributed by Universal Press Syndicate
ON M'A DIT QU'IL Y AURAIT À MANGER.
DÉGAGE.

JE NE M'AMUSE PAS.
AH BON ?
© 2007 PAWS, INC. All Rights Reserved.
www.garfield.com
AÏE !
SLAP
Distributed by Universal Press Syndicate
CE N'ÉTAIT PAS DRÔLE !
ALORS JE N'AI PLUS D'IDÉES.
JIM DAVIS 3-24

Garfield®
MANGER
INDIANA
© 2007 PAWS, INC. All Rights Reserved.
GARFIELD
Distributed by Universal Press Syndicate
PRÉVIENS-MOI QUAND TU AS TOUCHÉ LE FOND.
J'AURAIS BESOIN D'UNE TORCHE LÀ-DEDANS !
JIM DAVIS 3-25

LIZ ET MOI, ON SORT ENCORE CE SOIR...
MAIS CETTE FOIS, J'AI ENGAGÉ UNE BABY-SITTER.
JE CROIS QU'ILS L'ONT BIEN PRIS.
JIM DAVIS 3.26

VOILÀ, LES GARS, LA BABY-SITTER EST LÀ... JE VOUS PRÉSENTE LILIANE !
OH, BON-JOUUUUR !
AH, MAIS TU DOIS ÊTRE L'UN DE CES PETITS CHATS SANS POIL !
ELLE POURRAIT FAIRE GRILLER DES FOURMIS AVEC DES VERRES PAREILS.
JIM DAVIS 3.27

NE VOUS INQUIÉTEZ SURTOUT PAS, M. LARDMUCKLE. TOUT VA TRÈS BIEN SE PASSER.
SI VOUS VOUS INQUIÉTEZ, N'HÉSITEZ PAS À M'APPELER.
MERCI... JE VERRAI.
JE GARDERAI MON TÉLÉPHONE SUR MOI TOUTE LA SOIRÉE.
TU VAS NOUS LE PAYER.
JIM DAVIS 3.28

LA VIEILLE LILIANE SAIT EXACTEMENT CE QUI FERAIT PLAISIR À CES DEUX CHÉRIS... DES COOKIES MAISON !
ILS SERONT VITE PRÊTS !
... TOUT CHAUDS APRÈS UN CYCLE AU LAVE-VAISSELLE.
THUD
OOOOUPS !
JIM DAVIS 3.29

AH, BONSOIR, M. TURNBUCKLE... OUI, TOUT VA TRÈS BIEN.
ILS SONT SAGES COMME DES IMAGES.
PAT PAT PAT
ALORS ?
J'AI DÛ FAIRE UN FAUX NUMÉRO.

ALORS ÇA S'EST BIEN PASSÉ AVEC LA BABY-SITTER, ON DIRAIT ?
BON PEUT-ÊTRE PAS.

TU DEVRAIS ARRÊTER LE CAFÉ.
APRÈS LE TREMBLEMENT DE TERRE, PEUT-ÊTRE.

TU VOUDRAIS ALLER FAIRE UNE PROMENADE, LIZ ?
OUI, JE VEUX BIEN.
COOL !
JE PEUX VENIR AUSSI ?
POURQUOI PAS ?
M. MANQUE-DE-CONFIANCE.

SILENCE !
Z
GaRfieLd
R
OOH ! SI ON REGARDAIT "LA VENGEANCE DES PROFANATEURS D'ASILE" !
CLICK
© 2007 PAWS, INC. All Rights Reserved.
JE PENSAIS PLUTÔT AUX "FLEURS DE LA TRAHISON".
CLICK
BON, ALORS ON N'A QU'À REGARDER LE CATCH !
CLICK
www.garfield.com
PAS SI ON REGARDE "AMOUR TRAGIQUES" D'ABORD !
CLICK
TU VOIS, ODIE ?! JE T'AVAIS DIT QUE C'ÉTAIT ENCORE MIEUX QU'À LA TÉLÉ !
CLICK CLICK CLICK
CLICK CLICK CLICK CLICK
JIM DAVIS 4-1
Distributed by Universal Press Syndicate

MEUH ! MEUH !
MEUH ! MEUH !
MEUH ! MEUH !
JIM DAVIS 4-4
© 2007 PAWS, INC. All Rights Reserved. www.garfield.com
C'EST
MIAOU !
Distributed by Universal Press Syndicate
JE T'AVAIS DIT QUE
JE POUVAIS LUI FAIRE
DIRE !

TU N'AS
PAS HONTE ?
JIM DAVIS 4-5
© 2007 PAWS, INC. All Rights Reserved. www.garfield.com
Distributed by Universal Press Syndicate
NON. JE SUIS
TOUJOURS UN
CHAT.

© 2007 PAWS, INC. All Rights Reserved. www.garfield.com
Distributed by Universal Press Syndicate
POUM !
C'ÉTAIT
UNE AGRÉABLE
PROMENADE.
JIM DAVIS 4-6

LA VIE EST
UNE SOURCE DE
JOIE !
© 2007 PAWS, INC. All Rights Reserved. www.garfield.com
FINALEMENT CE SOIR,
C'EST CÉRÉALES ET
PAS LASAGNES.
Distributed by Universal Press Syndicate
LA VIE S'EST
FICHUE DE MOI.
JIM DAVIS 4-7

Garfield
TOUS LES DIMANCHES PLUVIEUX SE RESSEMBLENT...
LE BOURDONNEMENT RASSURANT DE LA CHAUDIÈRE AU SOUS-SOL...
LE BRUIT DE L'EAU QUI S'ÉCOULE DANS LES GOUTTIÈRES...
JON QUI HURLE JUSQU'À S'ÉPOUMONER...
CLICK
JIM DAVIS 4-8
GARFIELD, OUVRE LA PORTE TOUT DE SUITE !!!
AH, VOILÀ...
© 2007 PAWS, INC. All Rights Reserved.
Distributed by Universal Press Syndicate

JE PRENDS UN HAMBURGER.
BŒUF, DINDE, POULET, TOFU, VÉGÉTARIEN, BUFFLE OU AUTRUCHE ?
OHÉ ?... ALORS ?
MALHEUR ! LA PARALYSIE DE L'INDÉCIS A ENCORE FRAPPÉ...

NOTRE SPECTACLE VA COMMENCER...
PLACE À LA "RONDE DES POULETS" !
LA LA LA LA LA LA
TU T'OCCUPES DE LA LUMIÈRE. JE ME CHARGE DU REFRAIN.

J'APPELLE ÇA DU "JAVA SAUTEUR"
DES POIS SAUTEURS MOULUS PAR ERREUR AVEC DES GRAINS DE CAFÉ.
JE PEUX AVOIR DU LAIT... ET UN MAILLET ?

QU'Y A-T-IL AU MENU AUJOURD'HUI, IRMA ?
DES MOUTONS EN SAUCE.
COMMENT ÇA, "DES MOUTONS" ?
C'EST VRAI QUE LE SOL EST PLUS PROPRE QUE D'HABITUDE...

IRMA, IL N'Y A PLUS DE SAVON CHEZ LES HOMMES.
MERCI, MON GRAND.
JIM DAVIS 4-13
BAS LES PATTES DU COMPTOIR !
© 2007 PAWS, INC. All Rights Reserved.
Distributed by Universal Press Syndicate

JIM DAVIS 4-14
ALORS CE RAGOÛT ?
RAGOÛT ?
JE CROYAIS QUE C'ÉTAIT DE LA SOUPE !
AH
ALORS CETTE SOUPE ?
Distributed by Universal Press Syndicate
© 2007 PAWS, INC. All Rights Reserved.

♪
SMACK
TU ES MÉCHANT !
ET TU SIFFLES FAUX.
JIM DAVIS 4-16
www.garfield.com
© 2007 PAWS, INC. All Rights Reserved.
Distributed by Universal Press Syndicate

QUAND JE SUIS AVEC LIZ, JE ME SENS DIFFÉRENT.
JIM DAVIS 4-17
QUAND JE SUIS AVEC TOI, JE ME SENS...
MOI-MÊME.
NOUS, LES ANIMAUX, ON EST DES REPÈRES POUR LES HOMMES.
www.garfield.com
© 2007 PAWS, INC. All Rights Reserved.
Distributed by Universal Press Syndicate

Garfield®
www.garfield.com
© 2007 PAWS, INC. All Rights Reserved.
BEEERK !
IL Y A UNE MOUCHE DANS MON CAFÉ !
ZZZZ
JIM DAVIS 4-15
IL N'Y A RIEN DE PLUS DÉGOÛTANT !
Distributed by Universal Press Syndicate
EH SI.

LIZ FAIT RESSORTIR L'HOMME QUI EST EN MOI.
WAH-HA ! HA ! HA ! RRRON HA ! HA ! HA !
JE PRÉFÈRE QUE TU TE MOQUES DE MOI EN FACE !
CE SERAIT MALPOLI.

WAOUH !
QUEL ÉNORME BOL DE SAUCE.
ATTENTION, CONVOI EXCEPTIONNEL !

J'ADORE FAIRE SEMBLANT DE LIRE.
C'EST IMPORTANT DE MAINTENIR L'ILLUSION D'ÊTRE BIEN INFORMÉ !

PLUS ON APPREND...
PLUS ON... EUH...
... APPREND.
MERCI, DR REDONDANT.

Garfield®
BOTT!
© 2007 PAWS, INC. All Rights Reserved.
POOUF!
JIM DAVIS 4·22
BOIING!
Distributed by Universal Press Syndicate
FLOOOP!
♪BLOOONG
TU DEVRAIS FAIRE PLUS D'EXERCICE.
JE NE SAIS PAS SI ODIE LE SUPPORTERAIT.

VOICI MON INTERPRÈTE.
COMME ÇA TU POURRAS COMPRENDRE TOUT CE QUE JE DIS !
MIAOU
SQUIIK
QU'EST-CE QUI SE PASSE ?

POURQUOI UNE SOURIS VIENT DE ME SERRER DANS SES BRAS ?
PARCE QUE JE LUI AI DONNÉ TON REPAS.

GARFIELD...
QUOI, C'EST SURNOTÉ ?
5.9

CE NE SERAIT PAS DE TRAVERS ?
DISONS QUE JE SUIS FÂCHÉE AVEC MON ENTREPRENEUR.

OÙ SONT PASSÉS TOUS
LES SOUFFLÉS AU FROMAGE ?
BON, PETITE,
FAIS VOIR TES
PATTES.
Distributed by Universal Press Syndicate
JIM DAVIS 4-27
© 2007 PAWS, INC. All Rights Reserved.

LÂCHE !
LÂCHE-
MOI !
AHA !
JE TE TIENS
MAINTENANT !
© 2007 PAWS, INC. All Rights Reserved.
JIM DAVIS 4-28
Distributed by Universal Press Syndicate

SI MA VIE EN VENAIT À ÊTRE PLUS
MOUVEMENTÉE, IL FAUDRAIT
QUE JE ME FASSE
DOUBLER.
C'ÉTAIT UNE **BLAGUE**,
GARFIELD.
JE NE SUIS PAS GARFIELD,
MAIS SA DOUBLURE.
www.garfield.com
© 2007 PAWS, INC. All Rights Reserved.
JIM DAVIS 4-30
Distributed by Universal Press Syndicate

TOUT CE QUE FAIT LIZ,
C'EST TROP MIGNON.
COMME LA FAÇON DONT ELLE
FRONCE LE NEZ EN BÂILLANT...
J'ADORE.
ET JE PARIE QUE
TU Y AS DROIT
SOUVENT QUAND
TU LA VOIS.
www.garfield.com
© 2007 PAWS, INC. All Rights Reserved.
JIM DAVIS 5-1
Distributed by Universal Press Syndicate

GARFIELD®
Distributed by Universal Press Syndicate
© 2007 PAWS, INC. All Rights Reserved.
www.garfield.com
STOMP
STOMP
STOMP
BOING
BOING
NE PAS MARCHER SUR LA PELOUSE
SI CE N'EST PAS UNE PERCHE TENDUE !
JIM DAVIS 4-29

AAAHHH... L'AMOUR, C'EST SI BEAU...
J'AIME L'AMOUR.
MAIS OÙ TU VAS ?
DEHORS. J'AI UNE BOULE DE POILS QUI REMONTE.
© 2007 PAWS, INC. All Rights Reserved. www.garfield.com
Distributed by Universal Press Syndicate
JIM DAVIS 5-2

JE VIENS DE RÉCUPÉRER MA CHEMISE AU PRESSING MAIS ELLE A RÉTRÉCI.
IL Y A UN BADGE.
MAIS, ATTENDS UNE MINUTE...
CE N'EST PAS MA CHEMISE !
TU EN ES SÛRE, "BRENDA" ?
© 2007 PAWS, INC. All Rights Reserved. www.garfield.com
Distributed by Universal Press Syndicate
JIM DAVIS 5-3

JON VEUT QUE LES REPAS SOIENT FESTIFS.
CE SOIR LE DÎNER S'INTITULE "ÉPIS EN FOLIE".
HA, HA, HA, PFFFF...
JIM DAVIS 5-4
© 2007 PAWS, INC. All Rights Reserved. www.garfield.com
Distributed by Universal Press Syndicate

GARFIELD, JE N'AI PAS TROP LE MORAL.
J'AI BESOIN DE RÉCONFORT...
UN CÂLIN ?
UN REGARD COMPATISSANT, ÇA TE VA ?
© 2007 PAWS, INC. All Rights Reserved. www.garfield.com
Distributed by Universal Press Syndicate
JIM DAVIS 5-5

Garfield®
Distributed by Universal Press Syndicate
DOINGA
DOINGA
DOINGA
© 2007 PAWS, INC. All Rights Reserved.
JPM DAVIS 5-6

JE VOULAIS METTRE QUELQUE CHOSE D'ÉLÉGANT POUR CE SOIR, GARFIELD...
Distributed by Universal Press Syndicate
ALORS J'AI RESSORTI MON SMOKING DU BAL DU LYCÉE !
© 2007 PAWS, INC. All Rights Reserved.
JIM DAVIS 5-7
COMMENT UN TRUC PAREIL A-T-IL PU SE DÉMODER ?
ON DIRAIT QUE TA CHEMISE VA TE MANGER.
SALUT, LIZ ! TU ES PRÊTE ?
JON ! EUH...
Distributed by Universal Press Syndicate
TU AIMES LE COSTUME ? TU N'IMAGINES PAS LES REGARDS QU'IL M'A VALUS !
JE... AH...
© 2007 PAWS, INC. All Rights Reserved.
EXACTEMENT DE CE GENRE !
JIM DAVIS 5-8
UNE TABLE POUR DEUX, MERCI.
Distributed by Universal Press Syndicate
AAAAAAAHH !!
© 2007 PAWS, INC. All Rights Reserved.
JIM DAVIS 5-9
MES YEUX !! MES YEUX !!
C'EST ENCORE LA CHEMISE !
BONSOIR, JE SUIS ARMANDO ET JE M'OCCUPERAI DE VOUS CE S...
JIM DAVIS 5-10
Distributed by Universal Press Syndicate
AAAH, AYAYAH ! REGARDEZ CETTE CHEMISE !
DES SUGGESTIONS POUR CE SOIR, ARMANDO ?
LE MAL ! C'EST LE MAL !!
JON, BOUTONNE TON BLAZER.
© 2007 PAWS, INC. All Rights Reserved.

DÉSOLÉ DE VOUS IMPORTUNER, CHER MONSIEUR, MAIS JE SUIS LE DIRECTEUR ET NOUS AVONS EU DES PLAINTES INEPTES SUR VOTRE CHE...
OH, MON DIEU, MAIS C'EST VRAI !
QUE PERSONNE NE REGARDE ! FUYEZ !!
LE POISSON ME TENTE BIEN.
JE NE SAVAIS PLUS OÙ ME METTRE.
J'IMAGINE.
LE RESTAURANT M'A CONFISQUÉ MA CHEMISE
J'IMAGINE QUE CE TRUC-LÀ NE BRÛLE MÊME PAS.
ET CE NŒUD-PAP ME SCIE LE COU.
QUEL ESCLAVE DE LA MODE.
LIZ VEUT M'EMMENER FAIRE DU SHOPPING.
CETTE FEMME EST UNE SAINTE.
ELLE DIT QUE JE SUIS UNE "URGENCE VESTIMENTAIRE".
ELLE EST TROP GENTILLE.
C'EST MIGNON, NON ?
J'ENTENDS TES BRETELLES QUI PLEURENT.
BLURP !
BURP !
COMPRIS, LES ENFANTS ? TOUJOURS S'ÉCHAUFFER.
© 2007 PAWS, INC. All Rights Reserved.
Distributed by Universal Press Syndicate
www.garfield.com

www.garfield.com
Distributed by Universal Press Syndicate
DRIIIING
OUAF OUAF
OUAF OUAF
OUAF OUAF
DRIIIING
DRIIIING
OUAF OUAF
OUAF OUAF
OUAF OUAF
TU ES CENSÉ DÉCROCHER ET RÉPONDRE, PATATE !
DRIIIING
JIM DAVIS 5-13
© 2007 PAWS, INC. All Rights Reserved.

JOLI SOURIRE FORCÉ.
OH, MERCI !
OUPS. J'AI SOURI POUR DE VRAI.
JIM DAVIS 5-16

GARFIELD !
C'EST TOI QUI AS FAIT ÇA ?
BIEN SÛR.
C'EST HORRIBLE !
CE SERA MIEUX UNE FOIS ENCADRÉ.
JIM DAVIS 5-17

JON FAIT LA CUISINE.
DÉTENDS-TOI, C'EST POUR LIZ.
JIM DAVIS 5-18

J'AVAIS PRÉVU DE MANGER DES LASAGNES CE SOIR.
MAIS NON ! TU AS TOUT MANGÉ !
TU N'ES QU'UN ÉGOÏSTE !
BOOON, VAS-Y, RESPIRE MON HALEINE.
JIM DAVIS 5-19

GARFIELD®
© 2007 PAWS, INC. All Rights Reserved.
TIENS, TU AS REFAIT DU CAFÉ !
SIP
JIM DAVIS 5-20
TU EN VEUX ?
NAN
Distributed by Universal Press Syndicate
PAS ASSEZ FORT POUR MOI.

IL Y A UN NOUVEAU CAFÉ QUI A OUVERT EN VILLE.
ET IL Y A TROIS MOUCHES AU PLAFOND.
© 2007 PAWS, INC. All Rights Reserved.
ÇA A L'AIR BRANCHÉ.
JON PAS BRANCHÉ. JON PAS ALLER LÀ-BAS.
Distributed by Universal Press Syndicate
ÇA S'APPELLE LE CAFÉ CAFÉINE.
JE FAIS TOURNER LE MOTEUR !
JIM DAVIS 5.21
MERCI D'AVOIR CHOISI LE CAFÉ CAFÉINE. JE SUIS XAN, À VOTRE SERVICE.
JIM DAVIS 5.22
PRÉPAREZ-VOUS À UN RÉVEIL SPIRITUEL ET RELAXANT DU CORPS ET DES SENS. QUE PUIS-JE VOUS SERVIR ?
Distributed by Universal Press Syndicate
EUH... DEUX CAFÉS, S'IL VOUS PLAÎT.
C'EST UNE BLAGUE OU QUOI ?
© 2007 PAWS, INC. All Rights Reserved.
DIS DONC, JE NE SAVAIS PAS QUE LE CAFÉ AVAIT AUTANT DE NOMS !
© 2007 PAWS, INC. All Rights Reserved.
LE TYPE DU COMPTOIR M'A REGARDÉ COMME SI J'ÉTAIS UN PARFAIT IMBÉCILE...
Distributed by Universal Press Syndicate
VOILÀ ! COMME ÇA EXACTEMENT !
JIM DAVIS 5.23
Distributed by Universal Press Syndicate
JIM DAVIS 5.24
Distributed by Universal Press Syndicate
ALORS-ÇA-TE-PLAÎT-CET-EXPRESSO ?!
PAS-MAL-JE-CROIS-QUE-JE-POURRAIS-M'Y-FAIRE !

C'EST VRAIMENT UN CHOUETTE ENDROIT. JE SUIS CONTENT D'ÊTRE VENU.
JIM DAVIS 5-26
© 2007 PAWS, INC. All Rights Reserved.
Distributed by Universal Press Syndicate
TU AS FINI TON CAFÉ ?
TU RIGOLES ?
À SIX DOLLARS LE CAFÉ, JE MANGE AUSSI LA **CHAISE**.

GARFIELD ! AU SECOURS !
www.garfield.com
© 2007 PAWS, INC. All Rights Reserved.
JE SUIS COINCÉ DANS LA BAIGNOIRE !
Distributed by Universal Press Syndicate
DÉGONFLE TA BOUÉE À TÊTE DE CANARD, CRÉTIN !
JE ME FLÉTRIS !!
JIM DAVIS 5-28

TU ES TROP MOU, GARFIELD.
www.garfield.com
© 2007 PAWS, INC. All Rights Reserved.
TU AS BESOIN D'EXERCICE.
Distributed by Universal Press Syndicate
JIM DAVIS 5-29
ON NE PEUT RIEN CONTRE LES LOIS DE LA NATURE, CHÉRIE.

AH, LA NATURE !
© 2007 PAWS, INC. All Rights Reserved.
www.garfield.com
Distributed by Universal Press Syndicate
MAIS... UNE MINUTE !
JIM DAVIS 5-30
QU'EST-CE QU'ELLE FICHE DANS LE SÉJOUR ?!
J'AI CASSÉ UN CARREAU.

Garfield®
© 2007 PAWS, INC. All Rights Reserved.
Distributed by Universal Press Syndicate
JIM DAVIS 5-27
www.garfield.com

DÉSOLÉ D'AVOIR DÉCHIRÉ TON PANTALON.
VRAIMENT DÉSOLÉ.
QU'EST-CE QU'IL A DE VILAINES JAMBES !
JIM DAVIS 5-31
© 2007 PAWS, INC. All Rights Reserved.
www.garfield.com
Distributed by Universal Press Syndicate

JIM DAVIS 6-1
J'AIMERAIS ÊTRE INVITÉ À UN BAL COSTUMÉ.
NON ! SANS BLAGUE ?!
© 2007 PAWS, INC. All Rights Reserved.
www.garfield.com
Distributed by Universal Press Syndicate

TU T'ES ENCORE ENDORMI DANS LES FLEURS DE MME FEENY, C'EST ÇA ?
OUAIS, QUI T'A DIT ?
JIM DAVIS 6-2
www.garfield.com
© 2007 PAWS, INC. All Rights Reserved.
Distributed by Universal Press Syndicate

LIZ ET MOI, ON A PASSÉ UNE TRÈS BONNE SOIRÉE.
TANT MIEUX.
JIM DAVIS 6-8
ELLE M'A BEAUCOUP PARLÉ DE TOI.
C'EST UNE FILLE BIEN.
ET DU RÉGIME QUE TU DEVRAIS FAIRE.
... IL FAUT LUI RASER LA TÊTE.
Distributed by Universal Press Syndicate
© 2007 PAWS, INC. All Rights Reserved.

© 2007 PAWS, INC. All Rights Reserved.
TU AS PRIS DU POIDS, GARFIELD.
Distributed by Universal Press Syndicate
JON A RAISON.
IL VA FALLOIR QUE JE MANGE DES CANARIS MOINS GROS.
JIM DAVIS 6-4

© 2007 PAWS, INC. All Rights Reserved.
TU ES GROS.
Distributed by Universal Press Syndicate
BLURP
ET MAINTENANT ?
JIM DAVIS 6-5

© 2007 PAWS, INC. All Rights Reserved.
GROS, GROS, GROS !
Distributed by Universal Press Syndicate
GROS, GROS, GROS, GROS, GROS !
ÇA EN FAISAIT DEUX DE TROP LÀ, COMPRIS !
JIM DAVIS 6-6

© 2007 PAWS, INC. All Rights Reserved.
Y A PAS DE MAL À ÊTRE GROS.
Distributed by Universal Press Syndicate
IL FAUT JUSTE PLUS DE TEMPS POUR FAIRE LE TOUR...
... DE MA VASTE PERSONNE...
JIM DAVIS 6-7

garfield®
© 2007 PAWS, INC. All Rights Reserved.
OHÉ ! J'ÉTAIS EN TRAIN DE LIRE !
AH... DÉSOLÉ.
Distributed by Universal Press Syndicate
JIM DAVIS 6-3

JIM DAVIS 6-9
ATTENTION AU CHIEN
Distributed by Universal Press Syndicate
ATTENTION AU CHIEN
© 2007 PAWS, INC. All Rights Reserved.
ATTENTION AU CHAT AU RÉGIME

LIZ PENSE QUE TU DEVRAIS TE METTRE AU RÉGIME.
JIM DAVIS 6-11
© 2007 PAWS, INC. All Rights Reserved.
www.garfield.com
ET ELLE DIT QUE CE N'EST PAS SEULEMENT UNE QUESTION DE POIDS... MAIS DE SANTÉ.
Distributed by Universal Press Syndicate
MAIS DE FAIM AUSSI !

QU'EST-CE QUE C'EST QUE CETTE TÊTE BIZARRE ?
JIM DAVIS 6-12
© 2007 PAWS, INC. All Rights Reserved.
www.garfield.com
TU FAIS UNE FIXATION SUR LA NOURRITURE ?
NON...
Distributed by Universal Press Syndicate
JE N'AVAIS JAMAIS RÉALISÉ À QUEL POINT TU AVAIS UNE FACE DE CUISSE DE DINDE.
TU ME FICHES LES JETONS.

J'AI TROP FAIM...
JIM DAVIS 6-13
© 2007 PAWS, INC. All Rights Reserved.
www.garfield.com
J'HALLUCINE...
Distributed by Universal Press Syndicate
LÀ, C'EST TROP.

GARFIELD®
www.garfield.com
AU REVOIR, LIZ... OUI... MOI AUSSI...
Distributed by Universal Press Syndicate
TU VEUX QUE QUOI ?!
LIZ, JE NE PEUX PAS FAIRE DE BISOU PAR TÉLÉPHONE... MON CHAT ME REGARDE.
JIM DAVIS 6-10
OUI, JE SAIS QUE ÇA PARAÎT IDIOT.
© 2007 PAWS, INC. All Rights Reserved.
MAIS CROIS-MOI.
ALLEZ, JUSTE UNE FOIS POUR LA PHOTO !

GARFIELD
& Cie
Retrouve la saison 2
inédite de Garfield
le mercredi dans Ludo
france 3
francetélévisions
LUDO.
monludo.fr